Cyprien-Corneille Butsianga Mbikila

De l'amour trahi au pardon accordé

Cyprien-Corneille Butsianga Mbikila

De l’amour trahi au pardon accordé

Oasis du cœur Pour une pastorale sociale

Éditions Croix du Salut

Imprint

Cover image: Fourni par l'auteur

Publisher:
Éditions Croix du Salut
is a trademark of
International Book Market Service Ltd., member of OmniScriptum Publishing Group
17 Meldrum Street, Beau Bassin 71504, Mauritius
Printed at: see last page
ISBN: 978-613-7-37379-8

DE L'AMOUR TRAHI AU PARDON ACCORDE

Oasis du cœur

Pour une pastorale sociale

Cyprien-Corneille BUTSIANGA MBIKILA

DEDICACE

L'histoire ne s'efface pas, les souvenirs autant. Pour cette histoire et souvenirs, je te dédie ce livre, fruit de ma reconnaissance pour toi **Huguette VANGU**.

Cyprien-Corneille BUTSIANGA

J'ai préféré le silence à la parole. Celle-ci corrode par moment l'esprit et inhibe la réflexion. Voilà pourquoi je suis calme et consacre mon temps à la rédaction des événements vécus, rencontrés et entendus depuis mon enfance. J'ai semé dans les cœurs l'amour, j'ai récolté à la fois et l'amour et l'ingratitude des hommes. Heureusement qu'il y a un Dieu d'amour, qui aime vraiment !

Cyprien-Corneille BUTSIANGA MBIKILA

Préface

L'une des originalités de la foi chrétienne est de mettre au centre de ses préoccupations l'amour et non la foi seule.

Déjà l'Ancien Testament insistait plus sur l'amour de Dieu que sur son adoration

> « *Tu aimeras le Seigneur ton Dieu de tout ton cœur, de toute ta force, de tout ton esprit ...* » (Dt 6)

On oublie parfois aujourd'hui que l'amour de Dieu n'a rien d'évident : pour Aristote, c'était même absurde puisque l'amour suppose une faiblesse partagée et que Dieu est trop parfait pour être accessible à une telle relation de dépendance. Chez les musulmans que je rencontre de par mon ministère, le thème de l'amour de Dieu n'est évoqué qu'avec circonspection : il s'agit plus d'adorer et de se soumettre que d'aimer ou d'être aimé. Le dialogue interreligieux fait ressortir l'originalité chrétienne

Dans le Nouveau, Jésus conjoint l'amour de Dieu et l'amour du prochain quand on l'interroge sur le grand commandement (Marc 12, 28-34).

La première profession de foi de Pierre est naïve et pleine de malentendus, puisque l'apôtre n'accepte pas encore l'éventualité de la Passion (Mt 16, 18-23).

La deuxième, après la Passion de Jésus et le reniement de Pierre, est entièrement centrée sur l'amour :

> « *Pierre, m'aimes-tu* ? » (Jn 21,15-17)

Et le commandement nouveau que Jésus laisse à ses disciples est bien :

> « *Aimez-vous les uns les autres comme Je vous ai aimés.* » (Jn 13,34)

Mais Jésus n'ignore pas les blessures du péché dans la vie de tous les jours.

Et l'amour passe par le pardon qui tient tant de place dans l'Evangile.

Il est d'ailleurs significatif que l'enseignement du Christ sur l'amour conjugal (Mt 19) soit précédé par un chapitre entier consacré au pardon des offenses (Mt 18).

Dans la pratique pastorale, le prêtre est amené à être témoin et acteur de cet amour du Christ dans la vie personnelle de ceux qu'il rencontre.

C'est ce parcours auquel le père Cyprien Corneille nous invite : contempler les merveilles que Dieu peut faire dans nos vies en nous et apprendre à en vivre.

Puisse cet ouvrage nous encourager à suivre ce chemin qui passe par la Croix mais qui mène au seul vrai bonheur : aimer et et être aimé comme Dieu aime.

Père Philippe de Kergorlay, curé de Chelles (France)

Délégué de l'évêque de Meaux aux relations avec les musulmans

REMERCIEMENTS

Au Père Philippe de Kergolet qui a accepté de préfacer ce livre. A Mgr Cyprien Mbuka, Evêque de Boma, Mgr Jean Basile Mavungu, au Prof Sorel Nimie et Abbé Theto, Abbé Ir Richard Khonde Ngoma, au couple Thérèse et René Joubin et enfants, à la famille Leroux ; aux amis Jocelyne et Daniel Vaugeois, au Dr Hubert Guesdon, à Michelle Lemazurier, à famille Jacquelot, les amis Aprodi, Joyce Ntima, Blandine Tshibuabua, Abbé Jules-Emmanuel Kienga, Abbé Jonas Mabiala, Abbé Raymond Wola, à mes sœurs(Marie-Viviane Mbikila et Rychyl Tsimba Mbikila) et mon frère Jules-César Tsidulu Mbikila, mon cousin Roger Zimwuangu Romazi, mes nièces(Christel Mbundu, Catherine Nzati, Agathe Kikuma, Dalida Thamba et neveu Alfred Chancel Mwuezolo, Famille Philippe, Nelly et Jean-Philippe Cousin, à Jacqueline Thierry, aux sœurs de Brou, etc. pour votre contribution morale et/ou financière et les partages d'expériences variées. Que chacune et chacun trouve ici ma reconnaissance.

1. Introduction

La question d'amour traverse le temps et suscite bien d'interrogations dans les relations interpersonnelles. Beaucoup de gens s'évertuent à clamer haut sinon par des attitudes voilées et/ou dévoilées qu'ils aiment. L'on pourrait croire à leurs sentiments diversifiés. Mais la crédibilité de ceux-ci reste le seul apanage de ceux qui les exprime. Dieu qui sonde les cœurs et les reins (*Cf. Jérémie 20,11*) voit, dans son « *échographie divine* », le désir de l'humain qui s'exprime par les termes comme « je t'aime »,
« tu es mon amour », « chéri(e) », ami(e), etc.

Face à cette ambiguïté humaine à exprimer ses sentiments sincères ou voilés, je voudrais montrer qu'en même temps que l'homme peut dire la vérité, il peut aussi, comme Pierre, Judas, Dalila (Juges 16,4 -21), se trahir lui-même et trahir son semblable d'une manière ou d'une autre. Sénèque disait : *« aimer, c'est avoir quelqu'un pour qui mourir ».*[1] Dans la même lancée Serge Klarsfeld estime qu'il faut *« être prêt à mourir pour celui ou celle qu'on aime ».*[2]

Le terme amour est dévié de son sens originel lorsque nous l'utilisons tout de même alors que nous le trahissons si-souvent. Faut-il alors garder confiance malgré la trahison d'un ami ou d'une amie pour qui l'on a eu beaucoup d'estime ; à qui l'on a ouvert son cœur ; bref, en qui l'on a eu confiance ? Quelle est la place du pardon en tout cela étant donné que la trahison laisse une blessure terrible dans le cœur ? Mais d'où vient alors la trahison et pour quelle fin ?

---

[1] *SENEQUE, Les lettres à Lucilius, cité dans Anthologie. Conforme programme de français de la République Démocratique du Congo. Classe de 5ème secondaire, 2ème édition, BEC-CRP, Kinshasa, p. 327.*

[2] KLARSFELD, Serge, cité dans *Pèlerin* N° 6739(26 janvier 2012), p.82. Lire aussi Jean 15, 13 : « Il n'y a pas de plus grand amour que de donner sa vie pour celui qu'on aime ». « Pour dévoiler l'expression de son amour envers l'homme. C'est ainsi que, sur le chemin de sa passion, Jésus regarda Pierre. Ce dernier s'est souvenu d'avoir renié le Seigneur trois fois. Il a pleuré ; il a reconnu son péché. C'est ce regard que Jésus pose sur celui qui, reconnaissant son péché, revient vers Lui : un regard plein d'amour, de miséricorde et de pardon. (Cfr. *CONFERENCE EPISCOPALE DU CONGO. Commission Episcopale pour la Pastorale Liturgique, Culte Divin et Discipline des Sacrements. Ordo 2014-2015 Année B, Editions du Secrétariat Général de la CENCO, p.120.).*

C'est donc à ce questionnement que la présente réflexion voudrait répondre à la lueur de la péricope de l'Evangile selon **Jean 21, 15-17** où Jésus met Simon –Pierre à l'épreuve mais aussi devant sa propre conscience de disciple. Quelques pistes et/ou démarches sont proposées pour une quiétude intérieure face à une trahison.

Elle est aussi bien un guide pour les blessés de l'amour trahi dans la vie quotidienne qu'une interpellation sur les relations amicales et interpersonnelles en société : cas des communautés et foyers.

CHAPITRE PREMIER : L'AMOUR DU PROCHAIN

1. Introduction

Depuis toujours, les hommes ont des moments de rencontres au cours desquelles ils dialoguent, partagent un repas, se divertissent. Bref, des moments de jouissance et dans le cas contraire, ils compatissent à la douleur de celui ou celle qui est en difficulté. L'attention des uns vis-à-vis des autres se résume par l'amour du prochain ; lequel amour devrait sonner comme une invitation de chacun qu'il reçoit de Jésus. *« Je vous donne un commandement nouveau : Aimez-vous les uns les autres... » (Jean 13, 34). Car « Dieu est amour » (1Jean 4, 16).*

2. Invitation dc tous

« M'aimes-tu ?» (Jean21, 15-17).

Question provocatrice. Pourtant cette question qui est en fait la première dans l'histoire des humains, que Jésus pose à Pierre, ressort du lien qu'il a à l'endroit de celui-ci. Comme pour dire, l'on ne peut avoir des confidences qu'avec des gens proches, connus et aimés ; Dalila trahit Samson (*cf. Juges16, 4), Pierre renie Jésus (Jn18, 17-27)*. L'on ne peut aussi trahir que ceux qu'on connaît d'une manière ou d'une autre (*Jn18, 1-19,42*).

Pierre est en effet dans le cercle des intimes de Jésus. Il est même le représentant du groupe, l'aîné en l'absence du Maître. Cependant il est parmi les traîtres de ce dernier. Il le renie lors de son arrestation devant cette femme de la scène. Pierre tout tremblant renie trois fois le Messie (*Cf. Jean18, 27*) de qui il est disciple et avec qui il est lié d'amitié alors qu'il déclarait bec et ongle quelques heures auparavant, qu'il l'aimait et le suivrait partout même si tous tombaient *(Mt 26, 32-34).*

Texte: *« Après le repas, Jésus dit à Simon-Pierre : « Simon, fils de Jean, m'aimes-tu plus que ceux-ci ? » Il répondit : « oui, Seigneur, tu sais que je t'aime » et Jésus lui dit alors : « Pais mes agneaux ». Une seconde fois, Jésus lui dit : « Simon, fils de Jean, m'aimes-tu ? Il répondit : « oui, Seigneur, tu sais que je* *t'aime ». Jésus dit : « sois le berger de mes brebis ». Une troisième fois, il dit : « Simon, fils de Jean, m'aimes-tu ? » ; Pierre fut attristé de ce que Jésus lui avait dit une troisième fois : « M'aimes-tu ? » et il reprit : « Seigneur, toi qui connais toutes choses,* ***tu sais bien que je t'aime» (Jean 21, 15-17).***

Commentaire : Ainsi, Jésus a semé l'amour toute sa vie durant mais il a récolté l'ingratitude des hommes. Aussi, voyons-nous le ***«je t'aime*** » de Simon –Pierre est souvent l'expression des hommes et des femmes notamment lors des fiançailles et/ ou du mariage sous toutes ses formes mais dont le vécu n'est pas si évident qu'on le croit. Car, comme l'a si bien pensé un musicien congolais : *« il est plus facile d'être aimé que d'aimer »* ; ainsi aimer, c'est une quête de chaque jour.

3. Quête de chaque jour

On l'aura remarqué que l'amour est une quête quotidienne. Il y a plusieurs fois que nous avons déjà ôté de notre chaussure un caillou sans se lasser et après l'avoir enlevé, il redonne le sentiment de continuer le chemin, le parcours. Et il en va du pardon comme de l'amour : Quand l'offense est là, ôtons-en l'épine, crevons l'abcès et continuons le chemin jusqu'à la destination ; c'est-à-dire en route vers le Royaume de Dieu. En effet, celui qui aime est capable du pardon quotidien ; il vit l'amour du prochain. Car l'amour est la manifestation de notre appartenance au Dieu de Jésus-Christ qui nous dit de *« pardonner jusqu'à soixante-dix, sept fois » (Mt18, 21- 19,1)*, comme pour dire chaque fois qu'une offense est là.

4. Manifestation de l'amour gratuit de Dieu (par nos engagements vis-à-vis de Dieu et de notre semblable)

Jésus a dit *« aimez-vous les uns les autres » (Jean 13, 34)*. Cette invitation du Christ est la manifestation de l'amour débordant de Dieu pour sa créature dont l'amour du prochain est le reflet. A l'aube de la nuit de temps, Dieu crée l'univers et le confie à la gestion de l'homme sa créature (*Cf. Gn 1, 1-31).* Son amour pour l'homme est manifeste ; il envoie son Fils pour justement donner à l'homme un exemple pour qu'il aime et le fasse en la manière du créateur. Dieu nous aime gratuitement. Il est le Dieu d'amour.

5. Chemin de notre engagement

a. Devant Dieu

De l'Ancien Testament au Nouveau Testament, bien des engagements, promesses et vœux sont faits et émis par l'homme en société. Certains sont sincères, par contre d'autres s'avèrent fallacieux et par conséquent leur durée n'est qu'éphémère. Les émetteurs de ces vœux déçoivent et/ou surprennent ceux qui les ont pris pour vrais.

En effet, combien d'hommes et des femmes ne répondent-ils pas, comme Pierre à ceux ou celles qu'ils (elles) côtoient par *« tu sais que je t'aime », « je ne t'oublierai jamais » ?* Chacune de ces phrases est l'expression d'un sentiment qu'au début d'une relation les hommes et les femmes expriment et auxquelles les gens font foi. Aussi, sont-ils prêts à se promettre mutuellement attachement et fidélité. Cela transparaît si souvent avant ou pendant le mariage tant civil que religieux, au moment de l'échange de consentement où les futurs époux redisent avec une mine sérieuse les paroles que l'Etat et/ou l'Eglise ratifie. Par ailleurs, ils se le disent en privé, avec ou sans témoins et la parole de chacun est prise, jusqu'à preuve du contraire, au sérieux.

Comme Pierre, les fiancés promettent engagement et fidélité. Ne disent-ils pas : X, Y *« je te reçois **comme** époux (épouse) et je me donne à toi pour t'aimer **fidèlement** tout au long de notre vie » ? En d'autres termes, chaque partenaire dit « tu sais que je t'aime* ». En effet, « dire 'oui', c'est accepter ce que l'autre est, sans rêver de le changer…Dans le mariage ou l'amitié, dire 'oui' c'est aussi vouloir le bien de l'autre, décider de chercher ce qui est bon pour lui. Bref, l'aimer. En italien, *« Je t'aime » se dit* *aussi 'Ti voglio bene' : je te veux du bien'».*[3] Et comme Pierre à Jésus, «*je te suivrai partout* » comme pour dire, tout au long de nos amitiés. C'est-à-dire dans le bonheur comme dans le malheur. Bref, dans les hauts et les bas de notre relation, de notre vie.

Peut-on cependant être rassuré du crédit de ces déclarations solennelles puisqu'aux jours d'épreuves, à savoir la tentation, la maladie, la mutation, le manque, etc. les avis changent parfois ? Méconnaître l'autre parce que l'on se retrouve dans une situation soit heureuse soit malheureuse alors que l'on a passé ensemble des moments de joies et de peines, c'est de l'ingratitude pure et simple. En effet, il y a à travers le monde ces genres de personnes qui ne voient que le bout de leur nez et aiment faire *« tabula rasa »* du passé oubliant même les avantages et les bienfaits dont ils ont été bénéficiaires qui les aident dans le présent et peut-être même dans l'avenir.

Malgré les promesses de Pierre à Jésus : «*je te suivrai* », celles-ci s'avèrent fallacieuses de prime abord jusqu'à dire : « *Je ne le connais pas cet homme ; qu'y a-t-il de commun entre lui et moi ?* » (*Cf. Mt 26, 74*). L'on pourrait vite objecter qu' « *il fallait que cela s'accomplisse* » (*Jn 13,18)* selon le plan du salut, mais la réalité de la trahison demeure.

Cette façon de penser et/ou d'agir de Pierre n'épargne pas notre agir comme humain aujourd'hui. Prions et soyons avertis car « *l'esprit est fort, la chair est faible* », dit Jésus aux disciples.

Si en Europe, l'une des phrases les plus complètes de refus de dialogue et /ou de l'ouverture à l'autre ou d'une réponse négative est « *désolé !*», dans mon pays, chez les jeunes surtout pour prouver que son interlocuteur perd inutilement son temps à proposer des choses, c'est « *na za kuna te* » qui veut dire «*je ne suis pas là* », « *éloigne-toi de moi, oublie-moi* » ; comme pour dire «*fous-moi la paix et va ton chemin !* ». Chaque humain fait une expérience particulière dans ses relations interpersonnelles. Certes, *«je ne pense pas qu'il existe dans le monde une personne qui n'ait jamais fait l'expérience au moins une fois de l'abandon. Je suis convaincu*

[3] 10 mots pour s'aimer, dans Famille chrétienne. Supplément du n°1747 du 9 juillet 2011, p.14.

que cela appartient au jeu de la vie. Au fond, l'expérience humaine est une perpétuelle alternance d'union et de séparation, de joie et de douleur, de présence et d'absence. Etre vivant signifie courir le risque de la douleur pour vivre. Celui qui commence une relation sans prévoir l'échec, la rupture, la trahison, l'abandon, n'est pas capable d'aimer. C'est seulement un peureux, un immature ; il ne vit pas, il n'est jamais psychiquement ni spirituellement né. C'est quelqu'un qui, une fois abandonné, ne tombe plus amoureux ou se sentant victime pour toute la vie, n'accepte plus la vie. Il reste attaché à la sphère du désir, du besoin, il reste à l'état infantile, immature de l'existence. Il n'admet pas la confrontation, la possibilité de perdre. Il voudrait que la réalité se plie à ses rêves, alors que c'est le contraire qui est vrai. Est-ce que vraiment l'amour dans l'état idéal, éternel, de bonheur, sans rupture, sans difficultés, sans trahison, sans abandon pourrait exister ? Non.»[4]

Toutefois, quelle douleur, quel tort les paroles de Pierre comme celles d'un ami ou d'une amie peuvent-elles causer à l'endroit de celui que l'on a prétendu aimer ? Que reste-t-il d'une relation brisée ? En tout cas, le souhait, dans le rapport interpersonnel et/ou avec Dieu, est que nos promesses ne souffrent pas de contradiction car celui ou celle qui aime fait siennes les joies et les peines de son (sa) bien-aimé(e). L'histoire de Ruth face à Noémie illustre bien l'attitude d'une fille attachée avant, pendant et après l'engagement émis (*Cf. Ruth1, 1-17*). Faire autrement, c'est tomber dans la négligence, l'ingratitude. Et donc dans le péché comme celui d'Israël *en Dt 5, 1-33 ; 6, 7 ; Lc 11, 1-54.*

Le livre du Cantique des cantiques souligne à juste titre que l'amour nous marque comme au fer rouge de l'empreinte de l'autre: « *Que mon nom soit gravé dans ton cœur, qu'il soit marqué sur ton bras.» Car l'amour est fort comme la mort, la passion est implacable comme l'abîme. Ses flammes sont des flammes brûlantes ; c'est un feu divin ! Les torrents ne peuvent éteindre l'amour, les fleuves ne l'emportent pas ».* (*Ct 8, 6-7).*

---

[4] Valerio Albisetti, *Quand l'amour va en crise*, Kinshasa, Paulines, 2è édition, 2007, p.28.

b. Devant le prochain

Un engagement reste un engagement quel qu'il soit et quel qu'en soit le lieu où il a été fait. L'on constate malheureusement, avec un peu d'amertumes bien sûr, que l'homme ne tient pas **toujours** à ses engagements. Lorsqu' un certain intérêt voilé n'est plus au rendez-vous, l'on aboutit à des comportements ignobles qui conduisent souvent au rejet, à la séparation, à des attitudes répréhensibles ; à la trahison même avec ses conséquences *(Cf. Esther 7,1-10).*

En effet, dans les relations interpersonnelles en société, la séparation n'est pas si facile qu'on peut l'imaginer. On le constate au foyer notamment.

En effet, d'aucuns estiment que « *la fin d'un rapport conjugal pour la plupart d'entre vous n'a pas été une décision prise avec facilité ni à la légère. Elle a plutôt constitué une démarche douloureuse dans votre existence, un fait qui vous a profondément questionné sur les raisons de la faillite de ce projet dans lequel vous aviez cru et pour lequel vous aviez investi beaucoup d'énergies. Cette décision laisse certes des blessures qui ne se cicatrisent pas facilement. Probablement, le doute s'insinue même sur la possibilité de porter à terme quelque chose de grand, quelque chose en quoi on a vraiment espéré ; inévitablement la question surgit sur les éventuelles responsabilités réciproques ; on ressent fortement la douleur provoquée par la trahison de la confiance qu'on avait donnée au compagnon ou à la compagne choisi pour toute une vie...* »[5].

L'amour trahi laisse certes des blessures. Blessures d'avoir aimé une personne dont les objectifs n'étaient pas forcément identiques aux siens. En fin de compte, la trahison, de quelque nature qu'elle soit, conduit à une mort en soi, et parfois au désespoir. Elle ouvre la porte au doute, au manque de confiance à l'endroit de celui ou celle qu'on a pourtant aimé. En tout cas, trahir, c'est tuer et la trahison est une bombe à fragmentation: elle touche et celui qui subit l'action et celui qui fait l'action; Jésus est trahi et le coupable finit

[5] Cardinal DIONIGI TETTAMANZI, Lettre aux époux en situation de séparation, de divorce et de nouvelle union, France, Salvator, 2008, 49p., pp15-16.

par la pendaison (Juda Iscariote). Pourtant il est écrit « *ne fais à personne ce que tu ne voudrais qu'on te fasse* » (Tb 4, 15a, 16a). Dans le Livre d'Esther 7,1-14 où il est question du sort que connaît le traitre de suite de sa trahison(Cas de Mardochée et Hamann) comme dans les Evangiles. Somme toute, la trahison a des conséquences souvent fatales.

De ce qui précède, bien des expériences montrent qu'aux foyers, comme en société, les causes qui conduisent à la trahison sont multiples. Mais dans la plupart de cas, elles peuvent être réduites en une seule, à savoir la recherche effrénée d'un bonheur irréel. En RD Congo, comme partout ailleurs, et plus précisément dans les universités et Instituts supérieurs, il existe le phénomène *« chic, choc, chèque »*. Le chic correspond à l'homme du cœur de l'étudiante, le choc celui considéré comme un cheveu dans la soupe, et le chèque celui dit « Mopawu » ou bienfaiteur connu de toutes ses amies et amis à cause de son influence pécuniaire. Une telle étudiante focalise sa relation par intérêt ; dès que l'étape est finie, la relation s'affadit. Pire encore si elle tourne le dos à celui qu'elle prétendait aimer. Une telle fille instable peut-elle être heureuse ou sérieuse même auprès de celui dit « chic » ? En effet, la chèvre de Monsieur Séguin aurait pu se suffire de la bonne herbe mise à sa disposition mais hélas ! Elle a cru trouver mieux ailleurs et c'est la mort qui s'en est suivi. Désolé ! Cette vérité est aussi vécue du côté des jeunes garçons. Peut-être aussi dans certains foyers ! Qui sait !

L'on se souviendra de Mt24, 15-26, où le Christ prévient pourtant ses disciples de ne pas se laisser tromper par le paraître ; lequel souvent pousse l'homme à chercher le bonheur immédiat oubliant ainsi son passé et se souciant peu ou moins de son avenir alors que celui-ci a ses surprises et ses réalités.

Dans le même ordre d'idées, Satan au désert fait miroiter le bonheur (**avoir et pouvoir)** à Jésus de sorte qu'il l'adore. Rempli de l'Esprit Saint, il connaît les pensées du tentateur. « *Tu adoreras un Seul Dieu »(Cf. Lc 4, 1-13).* Et auprès de lui seul se trouve la vie et le bonheur. N'y a-t-il pas toujours de risque de se laisser séduire par les marchands du bonheur ?

En effet, bien des gens, hommes et femmes, jeunes garçons et jeunes filles se font tromper ou se laissent tromper par l'**immédiateté** que présente le paraître existentiel.

Dans le cas de beaucoup de jeunes, mariage pompeux et rassurant, voyage en Europe, Jeep, dollars, maisons, etc. sont là les pièges qui les guettent et les poussent à trahir leur premier engagement au profit du second qui, dans la plupart de cas, n'est que mensonge et distraction pure et simple.

Malheureusement, ces jeunes surtout oublient souvent d'interroger l'histoire et l'avenir parce qu'aveuglés par le soi-disant bonheur dont les promesses fallacieuses viennent éblouir leur être jusqu'à étouffer leur capacité de discerner et de disséquer les propos à la fois mielleux et fallacieux du profiteur. Pourtant ces marchands de bonheur visent quelque chose à leur seul avantage mais qu'ils ne révèlent pas toujours de prime abord à leur proie. En revanche, la personne qui se laisse duper perd sa personnalité qu'elle peut plus tard regretter d'avoir agi ainsi. Car *« à aller trop vite, on finit toujours par se casser la figure »*[6]. Mais où est donc le bonheur auquel on a cru ? Mais où est donc le bonheur ? Quels sont ses aléas ? Est-il apparent ? Tout le monde cherche le bonheur. Mais où donc se trouve-t-il ? « *J'espère que vous ne m'en voudrez pas si je vous dis que je ne crois pas au bonheur. Attendez, ne réagissait pas trop vite ! Laissez-moi vous expliquer... Plus précisément, je ne crois pas à ce fameux bonheur dont chacun plus ou moins rêve sur fond d'argent, d'amour et de gloire, promettant la liberté absolue à ceux qui en bénéficieraient, et la joie bien sûr, à vous faire sauter les mâchoires ! Non, non et non, ce bonheur –là , ce bonheur en soi, attendu comme le Messie, je n'y crois pas, même si parfois, à première vue, il semblerait que certains, plus chanceux que d'autres, se soient acoquinés avec lui dès le berceau ou en cours de route. A première vue, oui, nous pourrions le penser et même nous écrier : 'O les veinards !' mais, à la seconde,*

[6] Catherine Ecole- Boivin, Paul dans les pas du père, Ed. Ouest-France, 2007, p.25.

non. Pourquoi ? Et bien parce que la vie reste la vie et qu'elle nous joue des tours, et des tours pendables. Et à chacun son tour. Rien n'est plus instable que la vie. Il nous est impossible d'en commander la marche. Malgré nos idées sur elle et nos prétentions à la maîtriser, malgré nos rêves, fussent-ils éveillés, et l'énergie que nous mettons à réaliser nos ambitions les plus saines, malgré nos désirs de ne jamais souffrir, c'est la vie qui distribue les cartes, - et pas seulement des atouts – et souvent en les brouillant. Il est donc inutile de se voiler la face : au milieu de mille joies et de cent difficultés assorties d'impératifs, d'obligations et de devoirs, les épreuves et malheureusement souvent, le drame- et il en suffit d'un seul- viennent tout gâcher. Et voilà la vie qui met en morceau le bonheur espéré ! Vous étiez pourtant né au bon endroit, c'est-à-dire dans la bonne famille où l'amour se déployait sans ombre, et c'est la mort tragique d'un père ou d'une mère qui vient briser l'harmonie première, et il faut dire adieu au bonheur, du moins au bonheur absolu! Vous aimiez un être, celui-ci, pas un autre, et sans lui, vous prétendiez ne pas pouvoir vivre, et c'est celui-là même qui vous lâche un beau jour à tort ou à raison, et adieu le bonheur, du moins absolu ! Vous possédiez l'argent qu'il vous fallait, et peut-être plus qu'il n'en fallait, et tant mieux, mais un seul mauvais placement à la banque d'à-côté, et adieu le bonheur, du moins l'absolu ! Une maladie grave a fait son entrée dans le corps comme un ver se glisse dans le bois tendre, et l'angoisse et la peur ne quittent plus l'esprit, et il faut dire adieu au bonheur, du moins l'absolu ! Alors, vous savez, le bonheur absolu, le bonheur en soi, le bonheur parfait, au fond, ne m'en veuillez pas de penser qu'il est aussi fragile que la vie. Jusqu'à une simple rage de dents, un mal de ventre qui suffisent à le compromettre. Je ne crois donc pas en lui. Il est un mythe dont il faut se protéger … Cependant, car il y a un certain cependant, je crois avec réalisme que nous pouvons connaître les uns et les autres des instants de bonheur ...» [7]

Et puisque l'homme aime camoufler ce qu'il est réellement, Roger WAWA prend l'image de l'arbre pour justement montrer combien celui-ci est sincère alors que l'homme est capable de perfidie pour obtenir une proie convoitée en miroitant le bonheur à l'autre. Pour lui, « *les arbres sont d'une transparence indiscutable. Lorsqu'ils produisent de bons fruits, c'est qu'ils sont réellement bons. Et lorsqu'ils sont mauvais, c'est qu'ils sont aussi mauvais* »[8].Tel n'est pas le cas de l'être humain qui change au gré de vagues de l'existence et aux situations sociales diverses.

Dans son livre **Paroles,** Jacques Prévert écrit : « *Fille d'acier je n'aimais personne dans ce monde. Je n'aimais personne sauf celui que j'aimais. Mon amant mon amant celui qui m'attirait*
Maintenant tout a changé est-ce lui qui a cessé de m'aimer
Mon amant qui a cessé de m'attirer est-ce moi ?
Je ne sais pas et puis qu'est-ce ça peut faire tout ça ?
Maintenant je suis couchée sur la paille humide de l'amour
Toute seule avec tous les autres toute seule désespérée
Fille de fer-blanc fille rouillée
O mon amant mon amant mort ou vivant
Je veux que tu te rappelles autrefois
Mon amant celui qui m'aimait et que j'aimais ». [9]

Certes, devant le bonheur apparent symbolisé soit par l'argent, le pouvoir ou quelque chose corruptible du genre, nombreux perdent leur personnalité, la bradent même et corrodent ainsi leur identité parce que leur mode de vie est comparable à l'agir du caméléon qui

---

[7] ***Cfr Michel-Marie Zanotti-Sorkine, Croire. Questions éternelles. Réponse actuelles, Paris, Artège, 2012. p.15-18.***

[8] Roger WAWA, Des mots pour guérir les maux, Kinshasa, Mesdiapaul, p.77.

[9] Jacques PREVERT, Paroles, p. 150.

change selon la circonstance et prend du coup la couleur qu'il estime meilleure pour en fin de compte dissimuler sa vraie nature et passer inaperçue à la vue des hommes qui, pourtant l'observent. Ces genres des personnes deviennent des béni-oui-oui à toute proposition allant dans le sens du bonheur si bien qu'un conseil tendant à l'élucidation est vu comme une palissade à son cheminement actuel. Telle est la vie du traitre qui change au gré des vagues de l'existence. C'est comme du sable mouvant dont parle Jacques Prévert quand il dit « *Démons et merveilles*

Vents et marées
Au loin déjà la mer s'est retirée
Et toi
Comme une algue doucement caressée par le vent
Dans les sables du lit tu remues en rêvant
Démons et merveilles
Vents et marées
Au loin déjà la mer s'est retirée
Mais dans tes yeux entrouverts
Deux petites vagues sont restées
Démons et merveilles
Vents et marées
Deux petites vagues pour me noyer ».[10]

Avec Jésus, c'est le contraire. Satan au désert lui propose richesses, pouvoir et gloire. « *Jésus, après son baptême, fut conduit au désert par l'Esprit pour être tenté par le démon. Après avoir jeûné quarante jours et quarante nuits, il eut faim. Le tentateur s'approcha et lui dit : « Si tu es le Fils de Dieu, ordonne que ces pierres deviennent des pains. » Mais Jésus répondit : Il est écrit : Ce n'est pas seulement de pain que l'homme doit vivre, mais de toute parole qui sort de la bouche de Dieu.» Alors le démon l'emmène à la ville sainte, à Jérusalem, le place au sommet du Temple et lui dit : « Si tu es le Fils de Dieu, jette-toi en bas ; car il est écrit : Il donnera pour toi des ordres à ses anges, et ils te porteront sur leurs mains, de peur que ton pied ne heurte une pierre. » Jésus lui déclara : « Il est encore écrit : Tu ne mettras pas à l'épreuve le Seigneur ton Dieu ». Le démon l'emmène encore sur une très haute montagne et lui fait voir tous les royaumes du monde*

[10]PREVERT, J., o. c. p.157.

avec leur gloire. Il lui dit : « Tout cela, je te le donnerai, si tu te prosternes pour m'adorer. » Alors, Jésus lui dit : « Arrière, Satan ! Car il est écrit : C'est devant le Seigneur ton Dieu que tu te prosterneras, et c'est lui seul que tu adoreras. » (Mt 4,1-11). Jésus de Nazareth garde son identité de Fils de Dieu au cœur de son humanité vulnérable. Celle-ci a fait défaut chez Judas Iscariote et manque encore chez beaucoup. En effet, pour de l'argent, Judas Iscariote livre son Maître en le trahissant (Mt26, 14-16) Ce faisant, il vend son âme et aliène son destin. De même, pour des questions d'argent ou de plaisirs, les foyers sont disloqués, les fiançailles brisées, les communautés fragilisées. L'on n'est à la recherche effrénée du plus offrant, qui paie mieux alors que le vrai amour n'y est pas ! Alors on rêve un eldorado. Judas ne se suffit pas de la bourse commune avec laquelle il puise sans retenue; il veut gagner plus. Cela a eu pour résultat la trahison. Ne dit-on pas « *qui trop embrasse mal étreint ?*» Certes qui veut trop gagner perd tout. Judas s'est pendu somme toute. Le sort des cupides, c'est la maladie pour de l'argent, la pauvreté, la mort.

Judas, ce disciple de Jésus, se laisse gagner par l'avoir et va jusqu'à vendre le fils de l'homme. La trahison commence avec l'indiscrétion, la calomnie et la médisance pour en retirer un plaisir malsain ou un gain malhonnête. Le Pape François avertit « *Mal parler de quelqu'un équivaut à le vendre...comme le fit Judas, qui vendit Jésus pour trente deniers ... Lorsque nous faisons un choix pour les trente deniers, nous laissons Jésus de côté. Lorsque l'on va chez une connaissance et que la discussion devient commérage, ragot, c'est une vente, et la personne au centre de notre bavardage devient une marchandise* »[11]. Trahir, n'est-ce pas tuer l'autre à petit feu tant dans son physique que dans son moral ? N'est-ce pas aussi blesser quelqu'un jusqu'à provoquer dans son cœur qui saigne l'ulcère qui conduit à la mort en soi ? Beaucoup sont morts d'hypertension ou d'hypotension pour n'avoir pas supporté le choc causé par une trahison d'un être aimé et donc d'un proche. L'on comprend du coup pourquoi César s'est exclamé « *Tu quoque Fili mi* » (même toi mon fils !). Lorsqu' on n'a pas des nerfs solides l'on

[11] *Cfr. Méditations du Pape François, Les Fioretti du Pape, Bayard, 2013, p.16-17.*

peut mourir comme on l'a fait savoir ci-dessus, d'une brusque chute ou hausse de tension artérielle.

Eu égard à ce qui précède, les différents événements que rencontrent les humains transforment leur agir vis-à-vis de leurs semblables. L'on constate de temps en temps, dans le cas d'une trahison, que la personne victime se recroqueville et adopte un comportement différent du passé non seulement vis-à-vis du traitre mais aussi parfois de ses autres proches. Elle devient révoltée si bien qu'en certain moment tout conseil, fut-il d'un psychologue, et/ou d'un ami ne vient qu'attiser le feu des passions. Bref, la confiance se perd. L'autre devient une menace éventuelle !

C'est pourquoi quand l'aigreur gagne du terrain, la réconciliation avec l'offenseur devient difficile. Pascal IDE fait cette observation de taille : « *Le refus de pardonner fait boule neige : peu à peu il s'étend de l'offenseur à ceux qui le touche, d'une manière ou d'une autre, de sorte que l'offensé ne parvient progressivement plus à discerner en eux des personnes aimables* »[12]. Dans le même ordre d'idées, « *une personne refusant de pardonner sera toujours troublée et tourmentée*».[13]
Du coup, l'offense causée ou subie engendre beaucoup d'avatars dans les relations interpersonnelles.

C'est pourquoi face à cette réalité, certains optent pour le recul. D'autres cependant, préfèrent accorder le pardon. Mais comment parvenir à ce dernier dès lors que la trahison a produit la hargne dans le cœur de la victime si bien que le coupable est vu comme un obstacle à abattre sans délai ?

Dans son immense amour, Jésus de Nazareth qui a connu avant nous la trahison par des proches, nous ouvre un chemin de réconciliation. Son regard sur les personnes, son approche des situations conflictuelles est certes exigeante, difficile à appliquer comme humain mais elle est la voie qui conduit à la quiétude que d'aucuns qualifient aujourd'hui de « *paix du cœur* ». Certes, « quelle paix envahit notre cœur quand nous pardonnons comme Dieu nous a pardonnés ».[14] Cette démarche s'appelle l'amour des ennemis. « *Aimez ceux qui vous persécutent* » (Luc 6, 27-28) ;

---

[12] Pascal IDE, Est-il possible de pardonner? Paris, Saint-Paul, 1994, p.22
[13] Samuel et Dorothée HATZAKORTZIAN, S'épanouir en Christ, p.81.
[14] Ibid., p.81.

« *faites du bien à ceux qui vous haïssent, pardonnez* » (Mt5, 44). Car « ***la seule réponse au mal, c'est l'amour*** »[15]. Et « *l'amour prend patience, l'amour rend service, il ne jalouse pas, il ne plastronne pas, il ne s'enfle pas d'orgueil, il ne fait rien de laid, il ne cherche pas son intérêt, il ne s'irrite pas, il n'entretient pas de rancune, il ne se réjouit pas de l'injustice mais trouve sa joie dans la vérité. Il excuse tout, il croit tout, il espère tout, il endure tout. L'amour ne disparaît jamais …*» (1Co 13, 1-13). Et « *les torrents ne peuvent éteindre l'amour, les fleuves ne l'emportent pas* » (Ct 8, 7).

En effet, au sommet de la trahison, parce que mis au pilori, dans la douleur qui était la sienne, Jésus s'exclama « Père, pardonne-leur car ils ne savent pas ce qu'ils font » (Luc 23, 34) et il ajouta, « *Père entre tes mains je remets mon esprit* » Dans son pardon, « *Jésus inclut aussi Pilate, sa cour, ses soldats, les faux accusateurs, la foule des moqueurs, ceux qui l'avaient renié et tous les ennemis qui avaient comploté sa mort. Il ne voulait oublier personne. Il voulait que chacun soit pardonné* »[16] dont toi qui me lit en ce moment et moi-même. Avouons que ce Nazaréen est unique. Notre attitude face au mal subi a souvent été la **vengeance** ; **la loi du talion (œil pour œil, dent pour dent)**. Tel n'est pas le cas pour Christ. A sa suite, il y a des hommes et des femmes (Etienne, Padre Pio, Anuarité, Isidore Bakandja, Jean-Paul II, Mandela, etc.), qui, à la suite du Christ, ont prouvé le contraire en surmontant les épreuves vécues par et grâce à la prière. De tous ceux-ci, Saint François d'Assise nous en dit long lorsqu'il lâche : « *Quand domine la haine,*

Que nous annoncions l'amour.
Quand blesse l'offense,
Que nous offrions le pardon.
Quand sévit la discorde,
Que nous bâtissions la paix.
Quand s'installe l'erreur,
Que nous proclamions la vérité.
Quand paralyse le doute,
Que nous réveillions la foi.

---

[15] Maïti GIRTANNER, avec Guillaume Tabard, Même les bourreaux ont une âme, *Editions CLD, Tours, 2006, p.20.*
[16] *Samuel et Dorothée HATZAKORZIAN, o.c., p.80.*

Quand pèse la détresse,
Que nous ranimions l'espérance.
Quand s'épaississent les ténèbres,
Que nous apportions la lumière.
Quand règne la tristesse,
Que nous libérions la joie ».[17]

De cette prière, devenue un cantique de ressourcement, nous proposons quelques pistes de solution pour l'être trahi. Cependant, chacun pourra expérimenter et s'adapter à celle qui convient dans la situation qui est la sienne afin d'aboutir au pardon véritable. Comme Marie-Christine Cutté le souligne, « *dans les difficultés et les épreuves de la vie, nous connaissons des moments de découragement et de lassitudes où la tentation d'abandonner nous taraude. Quelques principes intangibles peuvent nous aider à traverser la tempête et attendre le calme qui suit toujours. Exprimer ce qu'on ressent, rester en lien avec les autres, valoriser les choses positives si petites soient-elles, s'appuyer sur le temps qui est un ami : ces attitudes fondamentales permettent de 'faire la planche' jusqu'à ce que l'accalmie advienne. La réalité de nos vies nous appelle au dépassement, au décentrement, à la confiance. Continuer de croire, quoi qu'il arrive, que le meilleur est toujours devant nous, redonne force et courage aux cœurs fatigués* »[18]. Voilà pourquoi devant une situation difficile je suggère quelques pistes de solution, à savoir

1. Le recul
2. La balade
3. La lecture
4. Repérer le tout premier contact avec le traitre
5. Le restaurer dans son affection première
6. L'aimer
7. Lui pardonner

[17] *Saint François d'Assise, in Prière du Temps présent, .Desclée de Brouwer, p.854.*
[18] *Marie-Christine Cutté, Tomber et se relever, in Bâtir ensemble. Revue paroissiale. Mensuel N° 215 mars 2013, p. VIII.*

1. Le recul

« *Dans la vie, il arrive que l'homme affronte des événements ou ait des rencontres qui ouvrent de nouvelles pistes d'intérêt et vont parfois jusqu'à changer l'orientation de ses projets* »[19].

En effet, les situations sociales auxquelles l'homme est confronté modifient son agir en société et peuvent l'inciter à prendre du recul pour les apprécier à leur juste valeur. Ce temps permet à la personne lésée de se refaire d'une part mais aussi à reconnaître la personne derrière la figure du bourreau d'autre part, car *« même les bourreaux ont une âme »*[20], capable du Mea Culpa, de réconciliation.

Toutefois, le recul ne doit pas être vu comme une régression mais plutôt comme cette position éloignée permettant une appréciation meilleure d'un fait vécu. Mais le temps que peut prendre le recul dépend du travail intérieur de l'être blessé de sorte que la reprise de contact avec le traitre soit vécue conséquemment car l'on aura déjà affronté la situation en face et tiré des leçons pour la vie future.

2. La balade (ou des vacances)

De façon plus générale, l'on peut refaire ses forces par un repos vécu différemment. Pour certains, ils vont à la plage. Pour d'autres, la balade les aide à se reconstruire, à se refaire de leur situation antérieure. L'on ne s'étonnera pas alors de les voir prendre qui un livre, qui un jeu ou se baigner au gré des vagues de la mer ou dans une piscine. C'est une détente de l'esprit par le corps.

Jésus aussi, après avoir travaillé d'arrache-pied, confronté à des situations difficiles dans sa mission, invite ses disciples à se retirer pour se reposer. « *Venez vous-mêmes à l'écart, dans un lieu désert, et reposez-vous un peu* » (Mc 6, 30-32). Comme pour dire

---

[19] *Jean-Basile MAVUNGU KHOTO, Le chrétien et l'argent, Kinshasa, Mediaspaul, p.15.*
[20] *Maïti GILTANNER, Même les bourreaux ont une âme (titre du livre).*

retrouvez de quoi repartir en société au regard multidimensionnel et multisectoriel. Jésus lui-même savait se retirer (Cfr. Mc 6,46) même si il n'avait où reposer sa tête ! Cela ne le classe pas pourtant dans le rang de sans abri, SDF, à la française ou enfants de la rue à la congolaise ! L'Eglise catholique à la suite du Christ, considère et encourage le congé comme un droit pour les ecclésiastiques afin qu'ils acquièrent de nouvelles énergies pour repartir en forme en mission de l'Eglise et en Eglise. (Cfr. Can 282 ; directoire de la CENCO, article 28, Kinshasa-Gombe, 2007.).

En effet, lorsqu'un ami(e) vous trahit, la balade notamment peut vous éviter d'entrer dans une dépression ; car elle vous permet de rencontrer d'autres gens avec qui échanger ou simplement peut vous aider à contempler l'harmonie de la nature ; laquelle vous rappelle, somme toute, de la même manière que la nature est diversifiée, par la biodiversité, les écosystèmes, de la même manière aussi les hommes sont différents les uns des autres et qu'il faille les considérer comme tel. Et par voie de conséquence la trahison subie doit être perçue comme une contingence de la vie. L'essentiel, c'est de repartir sur des bases nouvelles ; se refaire soi- même et donner au bourreau la possibilité d'avoir encore l'espace en nous. Telle est l'expression du pardon ; car il « *est un chemin de connaissance ; connaissance de soi, reconnaissance de l'autre, découverte d'une nouvelle relation possible* ».[21]

3. La lecture

Se relaxer, faire du sport au quotidien, lire, etc. sont autant des moyens qui permettent à l'homme de se reconstruire et de se refaire dans la situation qui est la sienne.

Dans le cas qui nous concerne, lire à haute voix par exemple, pourrait être avantageux. Car cela favorise le défoulement après une situation quelconque dont le travail intérieur n'a pas encore réussi à apaiser alors que le processus du pardon est en cours.

En tout état de cause, parler à haute voix soulage, dégage. Et même libère !

---

[21] *DE CHERON, Philippe, Le pardon, p.78.*

4. Citer de temps en temps la personne éloignée

Au lieu de mettre entre parenthèses la personne qui nous a trahis d'une manière ou d'une autre, il est plutôt bon de citer son nom. Non pour raviver en nous la douleur mais cette méthode permet à notre avis de la revaloriser afin de l'aider à se savoir aimée puisque nous lui adressons notre parole aimable ou aménageons un espace dans nos schèmes de pensée pour elle. Car « *'Dieu a besoin des hommes' pour réparer ce que font d'autres hommes. Sur cette terre où nous avons été créés libres, les uns détruisent, artisans de mort, les autres rebâtissent, artisans de vie.* »[22]. Voilà pourquoi l'attitude de Jésus face à la trahison de Judas et le reniement de Pierre n'est pas de condamner, de rejeter mais plutôt d'approcher. Sa sollicitude à l'endroit du bourreau est significative à plus d'un titre. Elle invite à la conversion du cœur ; à la *metanoîa*. Car « *il n'est jamais trop tard pour bien faire* ».[23]

C'est à juste titre que Jésus dira à Simon-Pierre « Sois le pasteur de mes brebis » (Jn 21,17). En effet, chaque fois que le bourreau retrouve une place dans le cœur du blessé, la relation brisée a la chance d'être restaurée. La vie renaît. Bien entendu, la relation peut prendre une autre forme dans son rétablissement. Elle peut être directe ou indirecte. Avec joie, le bourreau peut faire sien ce chant : « *Bukiedika, bukiedika, a a a a aa bukiedika ndieka baluka, diau ndi ku lebidila ngeyo tata Nzambi thadila mamona bikaku thadila makhulu...* » (Cfr Chant litugique du diocèse de Boma en République Démocratique du Congo(Afrique) sur la conversion du pécheur repentant[24].

---

[22] *Sœur EMMANUELLE, Confessions d'une religieuse, en collaboration avec Philippe Asso, 2008, p.232.*

[23] *Catherine Ecole-Boivin, Paul dans les pas du père, p.216.*

[24] *Chant religieux du Diocèse de Boma dont le contenu signifie : véritablement, véritablement, je prends la ferme décision de changer (conversion). La page de mes erreurs est tournée ; ma vie future fait désormais le critère du jugement sur moi.*

5. Le restaurer dans son affection première (L'offenseur)

Restaurer celui ou celle qui a provoqué en nous une blessure nécessite, comme nous l'avions souligné en passant, un travail intérieur qui traduit notre volonté, détermination et courage à passer l'éponge là où la blessure de la trahison a causé en nous et autour de nous comme préjudice. Par conséquent, la personne en nous est revalorisée. Elle fait de nouveau partie de notre 'cercle' d'amitié. De là renaît alors l'affection qui était perdue. Le cas du fils prodigue et celui de Pierre nous en disent plus.

En effet, le fils prodigue, après avoir demandé au père son autonomie, erre, mieux, végète çà et là et excelle dans la prodigalité, la délinquance juvénile jusqu'à déshonorer son Père par son comportement. Le père cependant l'attend, accueille et le relève sous le toit familial d'où il est parti. Ce retour dans la miséricorde restaure la confiance qu'il avait pourtant perdue par son libertinage. Car pour le père, ce qui compte, c'est son amour pour son fils.

Par ailleurs, le père le reçoit sans condition aucune. Il lui prodigue les soins dus à un enfant blessé. Certes, l'un des gestes qu'il pose à son endroit est l'**accueil** à bras ouverts, c'est- à-dire en l'embrassant. Cela prouve à suffisance que chaque fois que nous nous détournons de notre trahison, de notre égarement, par un mauvais comportement quelconque, Dieu nous accueille comme ses enfants et nous restaure dans son amour combien miséricordieux et infini. Car Il est ce Dieu patient, épris de pardon pour sa créature. Comme **les deux moments du fils prodigue,** à savoir **l'égarement et le retour**, le Pierre d'avant la résurrection est-il caractérisé par la peur, la faiblesse humaine, un Pierre fragile jusqu'à renier son Maître peu avant le calvaire de celui-ci en face d'une « pauvre » femme ! Cependant le même Pierre d'après la résurrection est tout feu, tout flamme ; déterminé, renouvelé, voire entreprenant, fort : « Seigneur, à qui irions-nous ? Tu as les paroles de la vie éternelle. Et nous avons cru et nous avons connu que tu es le Christ, le Saint de Dieu » (Jn6, 66-68). On le remarque en fin de compte par sa réponse significative aux disciples qui lui demandent ce qu'ils doivent faire ; Pierre répond : « *Repentez-vous, et que chacun de vous se fasse baptiser au nom de Jésus Christ pour la rémission de ses péchés, et vous recevez alors le don du Saint Esprit. Car la promesse est pour vous, pour vos enfants et pour tous ceux que le Seigneur Dieu voudra appeler, même s'ils se sont éloignés* » (Actes 2, 37-39).

Le geste du père à l'endroit du fils prodigue comme celui de Jésus de Nazareth à Pierre doit être pour chaque femme et chaque homme un motif de méditation qui exprime l'amour véritable en acte. Alors l'on comprend pourquoi la béninoise Aimée a eu des mots justes pour exprimer ce qu'elle entend par miséricorde. Pour elle, en effet, *« la miséricorde pourrait se résumer par ces simples mots 'je t'aime'. Aimer, ce n'est pas s'agenouiller, mais témoigner son amour avec nos frères »*[25].

Le fils prodigue, Pierre et bien d'autres encore, sont bénéficiaires de la tendresse et de la miséricorde du Seigneur. Nombreux se voient obligés de conserver cet amour qu'ils ont failli perdre par leur trahison. Mais le pardon de Dieu est sans limite. Celui qui l'accueille reçoit ipso facto la paix intérieure et est revalorisé dans sa situation antérieure de pécheur, d' « esclave ». Et lorsque Dieu pardonne, il restaure. Du coup la personne pardonnée est par le fait même libérée de la pesanteur du péché et reçoit la paix qu'aucun être humain ne peut offrir. Certes, il est l'ombre d'aucun doute que le pardon apporte réellement la paix [26]et du coup libère.

Je considère la trahison comme un parasite dans l'œil. Elle vient avec fougue. Quand on la jette dehors par le regard tourné derrière pour bloquer sa puissance puis repartir devant, elle perd son pouvoir sur l'homme. Alors l'on va son chemin parce qu'on aura eu pour béquilles Dieu le juste qui protège, soutient dans l'épreuve et libère.

---

[25] *Aimée, propos recueilli par BENEVENT TOSSIER, dans Pèlerin, Août 2010,p.*

[26] *Samuel et Dorothée H., OC., p.81.*

6. L'aimer

L'offensé est-il dès le départ ennemi de l'offensé ? Pas toujours. Mais l'acte posé par l'offenseur fait de lui un ennemi potentiel de l'offensé. Du coup, la communion, si elle existait déjà, est brisée.

Par ailleurs, par une démarche intérieure de deux parties, le lien ainsi brisé a la chance d'être restauré. Pour cela, il faut revaloriser l'offenseur et l'aimer carrément. En effet, *« aimer, c'est écouter sans jugement, sans interprétation, sans curiosité, sans condition. C'est accueillir l'autre comme s'il était unique au monde, lui donner du temps et ainsi lui dire sa valeur irremplaçable »*[27]car pour le chrétien, l'amour va au-delà de l'offense subie. *« Aimez vos ennemis, faites du bien à ceux qui vous haïssent, bénissez ceux qui vous maudissent, priez pour ceux qui vous maltraitent » (Luc 6, 27- 28).* Ce renoncement d'avoir coûte que coûte raison, est le signe d'un amour véritable dont Christ rappelle en Jean 13, 34 en ces termes : *« Aimez-vous les uns les autres »*. Oui, qui aime, pardonne ; qui pardonne, aime. Aimer, c'est valoriser l'autre en se sacrifiant soi-même. Cela suppose de la sincérité. Car *« l'amour est un carburant propre »*.[28]Aimer, c'est dire Je t'aime. En effet, *« l'amour commence par « je »*. Car il est la relation la plus puissante qui puisse unir deux personnes. Or le « je » est l'expression de la personne. De la personne qui s'engage dans son action et qui subit, voire souffre. Personne ne peut dire « je » à notre place ».[29]Il appert que le mot « je » bouleverse et attire en même temps l'attention de l'autre. Et s'il rencontre le même assentiment chez l'autre « tu », ils deviennent nous nous aimons. L'offenseur retrouve la place perdue à cause de l'offense qu'a subie l'offensé.

---

[27] *10 mots pour s'aimer,famille chrétienne. Supplément du n° 1747 du juillet 2011, p.10.*

[28] Virginie JOUANNET ROUSSEL, L'amour est un carburant propre, Les éditions Les 400 coups et les éditions de l'instant même, 2008, p.151.

[29] 10 mots pour mieux s'aimer, famille chrétienne. Supplément du n°1747 du 9 juillet 2011, p.14.

Le manque est comblé. La vie renaît. L'amour conduit à la vie et restaure la vie. « *Le pardon est créateur de vie* ».[30]Celui qui l'octroi passe l'éponge car capable d'aimer le bourreau.

7. Lui pardonner

Le bourreau restauré dans le cœur de l'offensé est ipso facto pardonné. Le pardon ouvre une nouvelle vie aux personnes en cause. « *Celui qui pardonne guérit les plaies de son cœur* »[31].

---

[30] *Marie-Christine Cutté, Pardonner à ses enfants, in Bâtir ensemble, Décembre 2012, p.VIII.*

[31] *Saint Vincent de Paul, in 10 mots pour mieux s'aimer, famille chrétienne. Supplément du n° 1747 du 9 juillet 2011 , p.20.*

CHAPITRE II : LE PARDON COMME PUISSANCE QUI LIBERE

Introduction

Hier comme aujourd'hui, le pardon concerne tout homme quelle que soit la manière dont il est vécu selon les cultures. La place qu'il occupe dans la vie des humains, notamment dans « *Le Notre Père* » est très significative. Mahfouz est très précis lorsqu'il note *: « Parler du pardon n'est pas vain à l'heure où les haines sont attisées par des incompréhensions entre les hommes, où les intelligences les plus lucides sont aveuglées par les mépris des uns et des autres, et où les injustices flagrantes révoltent toutes les consciences et créent un malaise universel. Parler du pardon dans ces circonstances nous rappelle que notre destin commun est lié à notre solidarité qui émane de l'intelligence du cœur ».*[32]

1. Les effets du pardon

a. Le pardon accepté

Rappelons-nous d'entrée de jeu, qu'offrir le pardon, c'est recevoir la paix. D'où l'invitation à l'effort, le courage et l'humilité pour y parvenir. Il s'avère que le pardon est initialement divin et il porte au moins sur deux sujets, à savoir l'offenseur et l'offensé. Le premier, conscient d'avoir lésé, doit être à mesure de demander pardon. Et le second, de l'offrir afin de recevoir la paix. Bien des fois, l'un et l'autre se rejettent la faute. Et pour illustrer cela, Aimé MPEVO écrit :

« *Malheureusement, il arrive souvent que l'un et l'autre se croient lésés et victimes, et chacun se croit en droit de prendre distance en guise de sanction réparatrice. Il devient alors difficile, voire impossible, de déterminer le droit de l'un et de l'autre au pardon. On se demande alors : Qui doit changer de*

---

[32] *N. MAHFOUZ, Le pardon, in DE SAINT CHERON, X. DE CHANDELAR, Le pardon, Paris, Centurion, 1992, pp. 128-129.*

sentiments ? Qui doit faire changer de sentiments ? Qui doit commencer ?»[33].

Devant une telle situation, Saint Paul nous rappelle que l'acte de la charité est non pas accuser, mais excuser[34] (Cf. 1Co 13,7). Or, l'excuse, pense Pascal IDE, est le signe d'ouverture du cœur (). Il estime que « excuser n'est pas déresponsabiliser, mais s'ouvrir à la vérité de notre faiblesse qui se déploie dans l'incapacité autant à aimer jusqu'à l'extrême qu'à mal faire jusqu'au bout »[35]. En effet, le pardon accepté donne la paix, celui refusé ou conditionné enchaine, emprisonne. **Le pardon, acte d'humilité et de libération**. Pour un chrétien, pardonner est une nécessité[36] autant qu'une exigence évangélique. En effet, le pardon demande une bonne dose d'humilité. C'est à cette seule condition d'acceptation, de renoncement en évitant coûte que coûte d'avoir raison qu'à mon avis le pardon libère celui qui s'y engage. Et pour qu'il se concrétise effectivement, le pardon « *suppose un regard purifié et demande que l'on sache voir l'être humain derrière la faute, si grave soit-elle*»[37]. Toutefois, il faut un processus pour y parvenir. Car la trahison subie fait saigner le cœur du blessé à telle enseigne que l'acte de pardonner risque de souffrir de la pesanteur liée au désir spontané de se venger. Heureusement que « *le pardon est un chemin. Or, tout chemin comporte des étapes, il prend du temps. Pardonner demande que l'on multiplie les démarches intérieures de réconciliation* »[38]. Le temps que prend le pardon pour sa concrétisation est à voir dans le processus accéléré de l'intérieur, c'est-à-dire une sorte de « *metanoia* » intérieure qui consiste à panser la plaie due à l'amertume en vue d'une quiétude à la fois individuelle et sociale. C'est seulement dans ce sens que **le pardon** est perçu **comme acte de libération**. Libération de celui qui pardonne mais aussi de l'offenseur. Dès lors, il restaure, il recrée. Cependant, rester

---

[33]*Aimé MPEVO, Urgence et initiative de la réconciliation fraternelle selon Mt 5,23-24(Méditation), in Fraternité sacerdotale 6(juin1998), p.2.*

[34]*IDE, P., O.C., p.145.*

[35] *Ibid., p.145; lire aussi BUTSIANGA MBIKILA Cyprien-Corneille, Le pardon comme puissance qui libère dans « Est-il possible de pardonner ?» de Pascal IDE .Mémoire présenté en vue du titre de gradué en théologie, Mayidi, 2003, p.15.*

[36] *M.F. MORO, cité par Pascal IDE, O.C., p.146.*

[37] *Ibid.*

[38] *Ibid., p.143.*

dans l'aigreur, c'est nuire à autrui et à soi-même. D'ailleurs, l'expérience a montré que la douleur est grande de voir s'éteindre une amitié à cause de l'emprisonnement dans lequel le tort subi nous a mis. La honte envahit alors les concernés à tel point que même se fixer du regard ou se parler devient difficile. Ide a fait observer somme toute que « *le premier à pâtir du refus de pardon est l'offenseur, puisque, des points de vue éthique et spirituel, le dommage blesse plus profondément celui qui en est la cause que celui qui le subit. Et qu'en revanche, le premier bénéficiaire du pardon est celui qui pardonne* ».[39]

En effet, il s'avère que l'expérience du pardon est porteuse d'une merveilleuse expérience de renouvellement. A ce titre, « *le pardon rétablit le lien perdu, la communion ébranlée* »[40]. Mais une question vient à point nommé : le pardon est-il oubli ou mémoire ?

Comme le rappelle, après tant d'autres, Lytta Basset, « *pardonner n'est pas oublier, mais transfigurer le souvenir du mal* »[41]. En d'autres termes, le mal est transformé. Pourtant, la douleur que ce mal a causé reste comme une cicatrice sur la peau humaine. Bien qu'elle rappelle la plaie, elle ne relance pas pour autant la douleur que cette plaie a infligée à la victime. C'est le cas d'une cicatrice que je porte à l'autre face de la paume de ma main gauche ; que des souvenirs…- Au contraire, elle lui permet de vivre avec précaution la relation établie afin d'éviter la cause de la plaie antérieure. Il est pareil du pardon. Il n'y a pas de pardon sans souvenir de l'offense, du passé. « *Ce mal subi n'est pas réparable. Une voiture endommagée peut se remettre en forme ; mais un cœur brisé ne se restaure pas facilement : une main coupée, une vie détruite, c'est définitif. On ne revient pas de la mort. La vie de chacun s'écrit avec de l'encre indélébile ; le passé est ineffaçable ; le temps est irréversible. Toutes les réhabilitations sont incapables de supprimer le mal subi et laissera toujours des traces. Nul-pas même Dieu- ne peut faire que ce qui a eu lieu n'ait pas eu lieu, que ce qui a été dit n'ait pas été dit, que le silence coupable n'ait pas duré si longtemps. Dire que le pardon efface est une mauvaise image. On n'efface*

[39] *Pascal IDE, o.c., p.143.*
[40] *Ibid, p. 88.*
[41] *Idée de L. Basset relevée dans Actualité des religions 14(mars2000), p.46.*

pas le passé. On ne repart jamais à zéro. On peut tourner la page, mais sans pouvoir gommer les pages précédentes. Alors, le pardon est-il possible ? Oui, parce que la vie est aussi faite d'un avenir. Le pardon s'inscrit dans le temps. Pardonner, ce n'est pas oublier...on pourrait dire que pardonner, c'est se souvenir, c'est faire mémoire, c'est retrouver celui qui vous a fait mal et reprendre avec lui une nouvelle relation ».[42].

Le principe de Santayana est clair là-dessus : « *celui qui ne veut pas faire mémoire du passé se voue à reproduire les mêmes erreurs dans le futur* ».[43]

Certes, « *pardonner et se réconcilier, ce n'est pas prétendre que les choses sont autrement qu'elles sont. Ce n'est pas non plus se donner de petites tapes amicales dans le dos et fermer les yeux sur ce qui va mal. Une vraie réconciliation passe par la mise à nu de l'horreur, des mauvais traitements, de la douleur, de la déchéance, de la vérité. Parfois, elle peut même aggraver les choses. C'est une entreprise risquée, mais qui vaut finalement la peine, car c'est en affrontant la véritable situation qu'on peut espérer parvenir à une vraie guérison. Un semblant de réconciliation ne peut qu'aboutir à un semblant de guérison. On ne demande pas aux gens qui pardonnent d'oublier. Bien au contraire, il est très important de se souvenir afin que les atrocités commises ne se reproduisent pas. Pardonner, ce n'est pas fermer les yeux sur les actes passés, mais au contraire les prendre très au sérieux, sans les minimiser, et extirper de son esprit cette douleur qui risque d'empoisonner une existence entière.* »[44] Car, commente Jean-Bruguès, « *les actes ne s'effacent jamais...Le pardon n'efface pas l'acte, il prend l'initiative d'une offre. Et comme il y a rupture de continuité, il se propose d'ouvrir une nouvelle route, de tourner la page et d'écrire un nouveau chapitre. Il appelle, pour utiliser un vocabulaire chrétien, une nouvelle alliance* ». [45]

---

[42] Xavier de CHALENDAR, Le pardon (en collaboration avec De CHERON et Nassib MAHFOUZ), p. 75-76.

[43] Il s'agit du principe de Santayana au sujet du mur de lamentation : « souviens-toi ».

*[44] Desmond TUTU, **Il n'y a pas d'avenir sans pardon** pp.264-265.*

[45] BRUGUE, J., cite par IDE, oc.,p.93. voir aussi BUTSIANGA MBIKILA, Mémoire présenté pour l'obtention du titre de Gradué en Théologie, Année Académique 2002-2003, p.17.

En effet, l'ancienne alliance ayant été fauchée, trahie par l'engagement fallacieux de l'homme jusqu'à la trahison, car l'humain a primé, à la recherche des intérêts égoïstes, la nouvelle par ailleurs est voulue et soutenue par Dieu lui-même dont le socle est basé sur l'amour jusqu'à celui des ennemis. Certes, il a fallu une Pâques pour passer de l'Ancienne Alliance à la Nouvelle ; de la haine à l'amour, de la trahison à la confiance, de la mort à la vie. Du coup, il n'y a pas de Pâques sans pardon et il n'y a pas non plus de pardon sans Pâques. Ce passage devrait s'inscrire dans le quotidien de chacun. Car, à mon avis, **du cœur du bon chrétien jaillit le miel de l'amour.** Cet amour dont Saint Paul nous a donné le corolaire en 1Co 13, 4-8 ; 14, 1. Et l'amour sécurise et procure la joie du cœur comme le miel procure la douceur, les délices de la bouche et la joie du corps. L'amour restaure l'être humain.

A la femme adultère Jésus dit : « *Va, désormais ne pèche plus* » (Jn 8, 11). Cet acte du Christ à l'endroit de cette femme est la concrétisation d'un Jésus qui aime tout homme et tout l'homme pécheur. A la femme et à chacun de prendre au sérieux cette recommandation du Christ. Sinon, « il pourrait lui arriver pire encore » (Jn 5, 14).

Mais en tout cela, le dernier mot revient à Dieu, Lui qui est amour (1Jn4, 3). Son souci est que l'homme sa créature la plus aimée le devienne aussi. Déjà dans le schéma Israël il invite l'homme à l'aimer. Aimer Dieu de tout son cœur, (Cfr. Mt 22, 34-40). Le dernier article du Code du Droit canon souligne que toute la Loi de l'Eglise tend à la Gloire de Dieu et Salut des âmes ; c'est-à-dire aimer Dieu et le prochain en vue de se conformer au vœu de celui qui est Amour et qui octroie le pardon: Dieu.

c. **Le pardon accordé et ses conséquences**

Dans le processus du pardon, bien des paramètres sont pris en considération. Il arrive que l'offense subie ne soit pas l'expression consciente et volontaire de l'offenseur. (Par exemple piétiner quelqu'un par inadvertance dans un bus, un train. A ce niveau, il n'est normalement pas question de demande de pardon du côté de ce dernier car il se sait innocent et donc inconscient. Mais s'il en est conscient, qu'il le demande volontiers. Il n'est pas rare non plus que l'offensé, de son coté, vive une guerre interne et se demande pourquoi l'offenseur est si indifférent à poser le premier pas dans la demande du pardon. Là se crée alors une attitude de mépris face à l'offenseur virtuel ou réel. D'où la fermeture de l'offensé à offrir le pardon. C'est là justement le pardon refusé.

Mais parler du pardon refusé paraît étrange. Pourtant c'est une réalité à laquelle bien des gens sont confrontés. Qu'on se souvienne que le pardon est avant tout un don. Or un don peut être accepté ou refusé. S'il est accepté de bon cœur, il crée la joie et consolide les relations interpersonnelles tant du côté de celui à qui il est destiné que de celui d'où il part. En revanche, un don refusé est source de fermeture, de mépris et peut éventuellement susciter des suspicions. On se demande parfois pourquoi un tel refus. A la base se trouve le manque d'humilité. C'est à juste titre que Pascal Ide estime que le refus du pardon provoque à la fois la blessure de l'offensé, de la communion des personnes comme celle de Dieu.[46] En effet, « *le refus de pardonner est d'abord une perte sèche pour l'offensé. Il engendre toute une symptomatologie, voire une pathologie qui n'épargne aucune sphère de la personne ; corps, affectivité, esprit* »[47]. Partant, beaucoup de maladies psychosomatiques sont aussi liées à des pardons refusés. Pour le Docteur Dutot, « *l'individu, ayant à affronter une situation difficile pour lui, plutôt que d'affronter cette situation et d'essayer de la régler, tombait malade* »[48].

Le refus de pardon est symptôme des tristesses non avouées d'une révolte intérieure dont les effets influent parfois sur le corps, l'affectif, l'intellect et même la volonté. Sur base d'un constat, j'adhère à la pensée de Pascal Ide sur les conséquences immédiates et /ou lointaines. Pour ce prêtre psychologue et médecin, *« le pardon refusé blesse l'esprit, c'est-à-dire l'intelligence et la volonté(...). En effet, ne pas pardonner est*

---

[46] *Ide, P.,OC,p.47.*
[47] *Ibid., p.17.*
[48] *DUTOT, cité par Pascal Ide, o.c., p.18.*

toujours moins aimer, et vivre sous le régime de l'aigreur, l'amertume, de la tristesse qui finissent par s'étendre au plus proches et empoisonner les relations aux êtres les plus chers(...). Le refus du pardon enténèbre la raison, car il falsifie notre regard sur l'autre. Il oblige à réduire la personne à son acte injuste, ce qui enferme doublement l'offenseur : et dans son action ponctuelle, et dans son acte tout court »[49].

Comment alors dédouaner le traitre de son acte vis-à-vis de nous étant donné qu'il s'est choisi une nouvelle vie, un nouveau chemin, de nouvelles amitiés ? En réponse à cette préoccupation, j'estime qu'il faille laisser à ce dernier le temps de voler par ses nouvelles ailles. Car le brusquer et / ou le contraindre au changement immédiat risque non seulement de retarder la réconciliation mais aussi d'en empêcher la concrétisation. J'estime qu'il faut laisser le temps au temps. Car celui-ci est le grand conseiller des humains. Peut-être au fil des jours ou des années une lueur peut l'éclairer pour en fin de compteparvenir à vivre pleinement le Confiteor: « *je confesse à Dieu Tout -Puissant, je reconnais devant mes frères, que j'ai péché en pensée, en parole, par action et par omission ; oui, j'ai vraiment péché. C'est pourquoi je supplie la Vierge Marie, les anges et tous les saints, et vous aussi, mes frères, de prier pour moi le Seigneur notre Dieu.* »[50]

Faisant échos à un artiste congolais, Madidu, pour qui un traître se souvient du tort causé à autrui plus tard. C'est justement la leçon que le poète donne dans la chanson « ***eau bénite*** » composée par Lutumba Simaro. En effet, l'artiste montre comment et combien nos amours sont fallacieux et intéressés et que la lucidité, pour certaines personnes, arrivent après coût au moment où la personne victime d'une trahison par rejet ou compromission a retrouvé son chemin pour repartir et reconstituer sa vie. L'histoire de Blanquette, la chèvre de Monsieur Séguin est très illustrative.

Partant des pages rédigées ci-dessus, je propose que chacun, ayant déjà ou pas encore fait l'expérience de la trahison, s'arrête un moment pour réfléchir comme ce pèlerin sur la route et qui, au cours de sa marche, s'arrête afin d'enlever le petit

---

[49] *Ide, p. 22.*
[50] *Cf. Missel Romain*

caillou dans sa chaussure. Tel est notre arrêt pour réfléchir ensemble. Quel est votre petit cailloux?

Réflexion

1. Nos relations, avec nos semblables, sont-elles toujours sincères ?
2. Pourquoi Pierre est-il arrivé à ce niveau alors qu'il prétendait aimer Jésus son Maître ?
3. Comment, comme Pierre, avez-vous déjà trahi une amitié et pour quel motif ?
4. Pourquoi et comment aimez-vous ?
5. Comment avez-vous vécu la douleur de la trahison dans vos relations interpersonnelles ?
6. Comment avez-vous vécu l'amitié après la trahison ?
7. Pour vous que signifie « aimer », « pardonner », « trahir » ?
8. Pardonner, est-ce oublier ?
9. Trahir, est-ce tuer ?
10. Quelles sont les conséquences d'une trahison ?
11. Quelle est la place du pardon face à une trahison ?
12. Quel est le prix à payer après une trahison pour mériter la confiance ?

CHAPITRE TROISIEME: LE PARDON COMME OASIS DU COEUR

1. Introduction

La trahison, de quelle que nature qu'elle soit, conduit au désert du cœur. Qu'à cela ne tienne, il y a en plein désert de ce cœur meurtri, un **oasis** pour panser la plaie et étancher la soif ; c'est le pardon qui ne s'obtient que par l'amour et rien que l'amour de celui qui est Amour : Dieu.

1. Le pardon, réponse de Dieu face à la trahison de l'homme et réponse de l'homme de Dieu vis-à-vis du traitre

Le manque d'amour conduit l'homme à trahir Dieu et son semblable car l'humain travaille en lui. Dieu, cependant, « *est comme un père déçu par son fils*». Cela est d'autant vrai lorsqu'il s'exprime en Osée11, 1-11. Mais tout ce que le Seigneur a fait pour Israël a été payé en revanche par l'ingratitude. Jésus a fait aussi cette triste expérience et beaucoup d'autres font cette expérience malheureuse des gens pourtant aimés. Mais hélas ! Heureusement que **l'amour de Dieu est plus fort que le mal subi.** En effet, combien d'hommes et des femmes ne trahissent – ils pas lorsqu'ils oublient ou édulcorent leur histoire, leur passé au profit du bonheur fallacieux et apparent que présente l'aujourd'hui? Où se trouve l'amour dans ce contexte humain ? Pourtant, aimer c'est dire « oui » à l'autre. Telle est la définition la plus simple et peut être la plus profonde de l'amour[51] Notre Seigneur Jésus-Christ a dit oui pour sauver l'humanité pécheresse. Et j'estime qu'il y a deux verbes qui conduisent le monde desquels découlent tout le reste ; l'un conduit à la vie et l'autre à la mort et à tout ce qui en ressort.

D'où quelques verbes et mots que je retiens pour la circonstance.

[51] *Dans 10 mots pour mieux s'aimer, supplément du n° 1747 du 9 juillet 2011 Famille chrétienne, p.14.*

Aimer amour =VIE	trahir trahison =MORT
Marier mariage	
Naître naissance	Voler voleur
vivre vie	Convoiter convoitise
Dialoguer dialogue	Divorcer divorce
Causer causerie	Camoufler camouflage
Sauver sauveur	Tuer tuerie
Nourrir nourriture	souffrir souffrance
Pardonner pardon	Noyer noyade
Assainir assainissement	Fumer fumeur
Compatir compassion	Diaboliser diable
Sanctifier sanctification	Ecraser écrasement
Assainir assainissement	Anéantir anéantissement
Recadrer recadrage	Calomnier calomniateur
Réconcilier réconciliation	Ridiculiser ridicule
	Brimer brimade
	Incendier incendie
	Assassiner assassin
	Commérer commérage
	Injurier injure
	Confiner Confinement
	Truquer truquage

Après avoir répertorié les verbes nécessaires qui conduisent soit à la vie soit à la mort, je souligne aussi en même temps des hommes et des femmes dans l'histoire qui ont contribué à ce deux moments essentiels de l'homme pour justement aider les pèlerins à opter, mieux, à se situer dans les relations interpersonnelles.

Hommes de la VIE	**Hommes de la MORT**
Adam	Adam
Abraham	Eve
Josué	
Moïse	Goliath
Jésus	Judas
Marie	Pilate
Mère Teresa	

Sœur Emmanuelle
Gandhi
Anuarité
Bankanza
Padre Pio
Jean-Paul II
Nelson MANDELA
Jean-Marie VIANEY
Bernadette Soubirou
Thérèse de l'enfant Jésus

Les verbes de la vie et de la mort –aimer et trahir- d'une part et les hommes de la vie et ceux de la mort d'autre part, nous ont permis de nous positionner dans la vie et voir du coup où nous nous situons et par conséquent revisiter notre être et prendre des résolutions pour le bien de soi et des autres.

De cette réflexion, il se dégage quelques mots simples et petits mais qui font l'harmonie pour une vie heureuse. Il s'agit de joie, paix, merci, chéri, pardon, patience, amour, fidélité, discipline, sagesse, courtoisie, prudence, respect, etc. En cela, pardon et merci fondent l'amour. Et celui-ci donne la vie.

En effet, reconnaissons que la vie a des surprises certes mais le fait de méconnaître son passé, son présent, est un grand risque pour l'avenir dans les relations interpersonnelles car tout le reste en dépend. Tout le parcours fait au cours de cette dissertation nous invite à la prise de conscience dans notre agir sachant que le bien conduit à la vie et le mal conduit à la mort, l'un et l'autre peut être physique tout comme spirituel. **Le grand remède de la trahison en tout cela, c'est l'amour dont Jésus est l'origine, le témoin et le sommet; amour de Dieu, amour du prochain ; amour même du traitre lui aussi créé à l'image de Dieu.**

Hommes et femmes, laissez-moi vous poser ces questions : combien parmi vous ont été tranquilles après avoir trahi le prochain et à quoi vous a conduit le résultat attendu peut-être trop vite ? Alors pourquoi nourrir et entretenir ce vice qui déshonore l'homme dans son intégralité d'humain ? La trahison, a toujours de conséquences tôt ou tard ; le mieux à faire, c'est de l'éviter car elle déstabilise la société surtout dans le rapport entre les hommes et du coup la confiance dans beaucoup de cas diminue ou carrément se perd ! Par contre, **à l'école du pardon le chemin est accessible et immuable : l'amour. Celui-ci est le critère, le thermomètre de l'homme de Dieu en société.**

Le pardon véritable (pas celui de bus, de guichet, de bureau) est toujours tripartite : Dieu, offenseur, offensé et a deux mouvements : vertical et horizontal. Car le pardon ne peut se vivre que dans cette optique-là. Le schéma ci-dessous le montre bien…

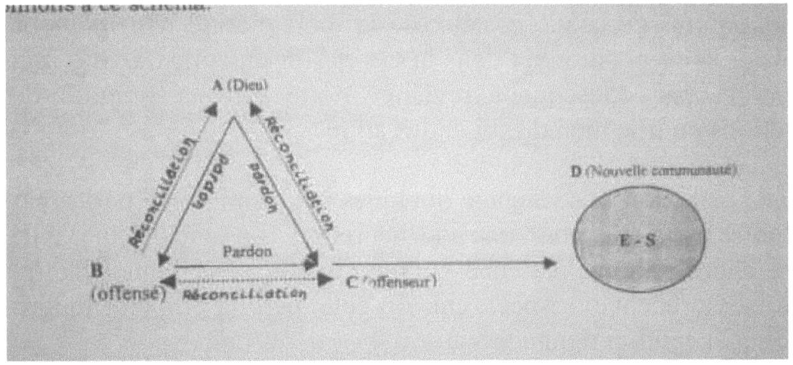

Tout véritable pardon doit aboutir à une vie nouvelle.

Voilà pourquoi le processus du pardon doit aboutir à la prière que Jésus nous a apprise :

« Notre Père qui es aux cieux, que ton nom soit sanctifié, que ton règne vienne, que ta volonté soit faite sur la terre comme au ciel. Donne-nous aujourd'hui notre pain de ce jour. Pardonne-nous nos offenses, comme nous pardonnons aussi à ceux qui nous ont offensés. Et ne nous soumets pas à la tentation, mais délivre-nous du Mal. » (Mt 6). Certes, « pardonner à nos ennemis qui est la plus grande preuve d'amour, nous accorde un bien très désirable qui est ***l'immense grâce de voir nos péchés pardonnés*** *»*[52].

---

[52] *Père François ZANNINI, La Loi divine. Contrainte ou libération ?, Hauteville, Parvis, 2017, p.193.*

En effet, quand l'on pardonne en aimant l'ennemi, l'on trouve la délivrance de ses péchés. Et par conséquent, la paix intérieure renaît. Le pardon guérit, rassure et renouvelle.

CONCLUSION

Le thème qui a jalonné cette dissertation a eu pour message essentiel l'amour. Celui-ci perd son élan ou se concrétise selon les circonstances de la vie. Nombreux, et c'est souvent le cas, trahissent leur premier oui au profit d'un deuxième qui, souvent n'est que fallacieux. Dans les cas où la trahison est là, faut-il rester dans l'aigreur ou faudrait-il accorder le pardon et quelles sont les étapes qui aident à surmonter l'épreuve de peur d'entrer dans le désespoir qui conduit souvent à la dépression ? Certes, chacun peut expérimenter sans donner des recettes toutes faites l'étape la mieux adaptée à sa situation. J'ai estimé toutefois qu'elles sont toutes nécessaires pour se refaire d'une trahison subie et vécue en société par un être aimé et proche, car, l'avais-je souligné, l'on ne peut trahir que celui que l'on connaît d'une manière ou d'une autre; celui avec qui on a ne serait-ce qu'une seconde de contact. Le traitre cependant perd sa personnalité après coup. La relation avec lui peut changer mais l'invitation à l'aimer demeure car **du vrai chrétien jaillit le miel de l'amour**. Et ***« la réponse au mal c'est l'amour »***. Merci à l'Amour ; merci pour l'amour.

SIGLES ET ABREVIATIONS

Mt : Matthieu
Lc : Luc
Jn : Jean
Co : Corinthien
Cfr. : Conferatur
Mc : Marc
Oc : Ouvrage cité
Ibid. : Ibidem
Mgr. : Monseigneur
SDF : Sans Domicile fixe
RDC : République Démocratique du Congo
ES : Saint Esprit
Nvlle : Nouvelle
Cté : Communauté

BIBLIOGRAPHIE SELECTIVE

1. La Bible de Jérusalem. La Sainte Bible traduite en français sous la direction de l'Ecole Biblique de Jérusalem, Nouvelle édition entièrement revue et corrigée, Paris, Cerf, 1986.

2. IDE, P., Est-il possible de pardonner ?, Paris, Saint-Paul, 1994.

3. MPEVO MPOLO, Urgence et initiative de la réconciliation fraternelle selon Mt 5, 23-24 (Méditation), in Fraternité sacerdotale 6 (juin), p.2-7.

8. *GIRTANNER, M., avec Guillaume Tabard, Même les bourreaux ont une âme, Editions CLD, Tours, 2006, 203p.*
9. *VERONICA, La joie de s'abandonner à Lui !, Solace community, 2005, 116p.*
10. *Bible TOB, Société biblique française, Paris, Cerf, 1975,*
11. *WAWA, R., Des mots pour guérir les maux, Kinshasa, Médiaspaul, 2005, 144p.*
12. *PREVET, J., Paroles, Paris, Galimard, 1949, 253p.*
13. *Cardinal DIONIGI TETTAMANZI, Lettre aux époux en situation de séparation, de divorce et de nouvelle union, France, Salvator, 2008.*
14. *Saint François d'Assise, in Prière du Temps présent, Desclée Brouwer, 2000.*
15. *MAVUNGU KHOTO, JB, Le chrétien et l'argent. L'enseignement des pères de l'Eglise, col. Bible et pastorale 10, Kinshasa, Mediaspaul, 2007, 112p.*
16. *Sœur EMMANUELLE, Confession d'une religieuse, en collaboration avec Philippe Asso, 2008.*
17. *Pèlerin (Août 2010).*
18. *Actualité des religions 14(mars2000).*
19. *10 mots pour mieux s'aimer, supplément du n° 1747 du 9 juillet 2011. Famille chrétienne, 2011.*
20. *BUTSIANGA MBIKILA, Cyprien--Corneille, Le pardon comme puissance qui libère. Lecture de « Est-il possible de pardonner de Pascal IDE. Mémoire présenté pour l'obtention du titre de gradué en théologie. Mayidi, 2003.*

21. *Neil T. ANDERSON, Restaurer les relations brisées. Le chemin vers la paix et le pardon. France, Vida, 2017, 187p.*
22. *Méditations quotidiennes du Pape François. Homélies du matin à la chapelle de la Maison Sainte-Marthe. Préface de Mgr Bernard Podvin, porte-parole des évêques de France, Bayard, 2013.*
23. *ZANNINI, François, La Loi divine. Contrainte ou libération ?, Hauteville, Parvis, 2017, 202p.*
24. *Virginie JOUANNET ROUSSEL, L'amour est un carburant propre, Les éditions de l'instant même les 400 coups, 2008, 171p.*

Annexes de quelques textes pour la réflexion et la méditation

2. *« Frères, puisque vous avez été choisis par Dieu, que vous êtes ses fidèles et ses bien-aimés, revêtez votre cœur de tendresse et de bonté, d'humilité, de douceur, de patience. Supportez-vous mutuellement et pardonnez, si vous avez des reproches à vous faire. Agissez comme le Seigneur : il vous a pardonné, faites de même. Par-dessus tout cela, qu'il ait l'amour : c'est lui qui fait l'unité dans la perfection. Et que, dans vos cœurs, règne la paix du Christ à laquelle vous avez été appelés pour former en lui un seul corps. Vivez dans l'action de grâce. Que la parole du Christ habite en vous dans toute sa richesse ; instruisez-vous et reprenez-vous les uns les autres avec une vraie sagesse ; par des psaumes, des hymnes et de libres louanges, chantez à Dieu, dans vos cœurs, votre reconnaissance. Et tout ce que vous dites, tout ce que vous faites, que ce soit toujours au nom du Seigneur Jésus Christ, en offrant par lui votre action de grâce à Dieu le Père. » (Colossiens 3, 12-17)*

3. *« Tout amour véritable doit sans doute passer par l'épreuve » (Claude DAGENS, Etre évêque, ça fait mal, in Vie(n 3268 du 17 au 23 avril 2008), p.9.*
4. *« Fils bien-aimé, viens me rejoindre le plus vite possible car Démas m'a abandonné par amour de ce monde, et il est parti pour Thessalonique ; Crescens est parti chez les Galates, et Tites en Dalmatie...Alexandre, le forgeron, m'a fait beaucoup de mal. Il recevra du Seigneur le salaire de ses actes. » (2 Timothée 4, 9-17).*
5. ***Le sourire***

   « Un sourire ne coûte rien
   Et pourtant il n'a pas de prix
   Il enrichit celui qui le reçoit
   Sans appauvrir celui qui le donne
   Et quoiqu'il ne dure qu'un instant,
   On s'en souvient parfois toute une vie.

Personne n'est assez riche pour s'en passer
Même les plus pauvres peuvent le posséder
Un sourire c'est le repos de l'âme fatiguée,
Un peu le réconfort pour l'être abattu,
Un rayon de soleil, hiver comme été,
Qui adoucit les cœurs attristés

Et parce qu'il n'a de valeur
Que lorsqu'il est donné,
Il ne peut ni s'acheter,
Ni se prêter, ni se voler
Si vous ne recevez pas le sourire que vous méritez
Soyez généreux, de donner le vôtre...
Nul en effet n'a autant besoin d'un sourire
Que celui qui ne sait pas en donner. »

6. *« Les souvenirs se rangent en ordre dans le tiroir des cœurs » (Catherine Ecole-Boivin, Paul dans les pas du père. Préface Didier Decoin, éditions Ouest-France,2007, p.47).*
7. *« Pardonner c'est choisir d'aimer de nouveau, c'est recréer l'alliance en tendant une main en toute liberté » (Catherine Ecole-Boivin, Paul dans les pas du père, p.215).*
8. *Tb 4, 15a, 16a « Ce que tu n'aimes pas, ne le fais à personne ».*
9. *Je suis certain que la plupart d'entre nous, avec le recul, serions prêts à reconnaître que tout ce que nous avons acquis en force de caractère, c'est aux conflits que nous le devons. Des forces cachées tout au fond de nous-si profondément que nous ignorons même les posséder- sont activées par les défis de l'opposition et de la frustration. Ce sont les difficultés qui nous font avancer (J. Wallace Hamilton), cité par Neil T. ANDERSON, Restaurer les relations brisées. Le chemin vers la paix et le pardon, Paris, Vida, 2017, p.155.*
10. *Vous êtes-vous déjà demandé pourquoi les conflits les plus difficiles ont pour cadre la famille, l'église ou le travail ? Une explication est que c'est là que nous passons l'essentiel de notre temps, mais ce n'est pas la seule...(Neil T. ANDERSON, oc, p.155-156.).*

Table des matières

Printed by Books on Demand GmbH, Norderstedt / Germany